H Deiter

Niederdeutsche Gelegenheits-Gedichte auf die ostfriesische Fürstenfamilie

Aus dem 17. und 18. Jahrhundert

H Deiter

Niederdeutsche Gelegenheits-Gedichte auf die ostfriesische Fürstenfamilie
Aus dem 17. und 18. Jahrhundert

ISBN/EAN: 9783743481312

Hergestellt in Europa, USA, Kanada, Australien, Japan

Cover: Foto ©Thomas Meinert / pixelio.de

Manufactured and distributed by brebook publishing software (www.brebook.com)

H Deiter

Niederdeutsche Gelegenheits-Gedichte auf die ostfriesische Fürstenfamilie

Niederdeutsche Gelegenheits=Gedichte

auf

die ostfriesische Fürstenfamilie

aus dem

17. und 18. Jahrhundert.

Herausgegeben

von

Professor Dr. H. Peiter.

Beilage zum Jahresberichte des Königlichen Gymnasiums zu Aurich.
Ostern 1899.

Aurich.
Druck von H. W. H. Tapper & Sohn.
1899.

Meine Bemühungen, unter den reichen handschriftlichen Schätzen des hiesigen Königlichen Archivs und der landschaftlichen Bibliothek ungedruckte Gedichte in der friesischen Sprache aufzufinden, sind bis jetzt leider erfolglos gewesen. Dagegen ist es mir durch das überaus freundliche Entgegenkommen der Herren Staatsarchivar Dr. Wachter und Landschafts-Kanzlist Frerichs in Aurich, denen ich zu besonderem Dank verpflichtet bin, gelungen, eine Anzahl niederdeutscher Gelegenheitsgedichte auf die ostfriesische Fürstenfamilie aus dem 17. und 18. Jahrhundert ausfindig zu machen. Diese dürften nicht nur in sprachlicher, sondern auch in geschichtlicher Beziehung unser Interesse in Anspruch nehmen, zumal sie teils nur handschriftlich, teils in schwer zugänglichen Einzeldrucken vorhanden sind. Die vorgefundene Orthographie habe ich aus sprachlichen Rücksichten beibehalten, jedoch im übrigen, wenn wir von den Anfangsworten der Zeilen und Sätze absehen, nur Eigennamen mit großen Anfangsbuchstaben drucken lassen.

Die erwähnten Gedichte wird der geneigte Leser leichter und besser verstehen, wenn er sich mit mir in die Zeit versetzt, in der jene entstanden sind. Es war der 18. Februar 1699, der für Ostfriesland eine hervorragende Wichtigkeit hatte. An diesem Tage wurde nämlich der Auricher Vergleich zwischen dem Hause Cirksena und den Ständen geschlossen und beiderseits unterschrieben. Die Morgenröte des Friedens sandte nach langer Zeit der Wirren und Zerwürfnisse zwischen den Fürsten und ihren Unterthanen wieder ihre vergoldenden Strahlen über das schwer heimgesuchte Land. Durch jenen Auricher Vergleich wurden namentlich Mängel der Rechtspflege beseitigt. So sollten die richterlichen Ämter künftig nur von geeigneten und tüchtigen Leuten bekleidet werden, die übermäßigen Sporteln aufhören, die Berufung von der

Kanzlei an das Hofgericht sollte freistehen und das Landrecht nach stattgehabter Prüfung verbessert werden. Die Deich- und Sielrichter erhielten ihr altes Recht der sofortigen Exekution wieder. Zur Sicherstellung der Einwohner mußten alle Drosten und Amtleute von neuem einen Eid auf die Landesverträge leisten. Als die Stände auf diese Weise ihre Wünsche erfüllt sahen, zeigten sie sich dem Fürsten gegenüber sehr liberal. Während sie sich durch ein früheres Versprechen verpflichtet hatten, nach Beseitigung der vorgebrachten Beschwerden jährlich 12000 Reichsthaler zu zahlen, bewilligten sie damals Christian Eberhard auf einmal 54000 Reichsthaler und außerdem 18000 Reichsthaler jährlich. Der allem Anscheine nach gesicherte Friede wurde indes noch gefährdet durch die Herzogin [1]) Christine Charlotte, die Mutter des Fürsten, welche nach der Niederlegung der Regentschaft im Jahre 1690 auf ihren friedliebenden Sohn, der seit jenem Zeitpunkte regierte, einen nachteiligen Einfluß ausübte. Zum Glück für das Land erfolgte der Tod jener Fürstin bald, am 16. Mai 1699. Nun wurde das Verhältnis des gutmütigen Fürsten zu seinen Unterthanen von Tage zu Tage freundlicher. Es ist daher begreiflich, daß Christian Eberhard den Bitten der Emder gern entsprach und Emden, die bedeutendste Stadt seines Landes, die er nur als dreijähriger Knabe gesehen hatte, vom 10. bis 18. Oktober des Jahres besuchte. Aller Streit und Hader war vergessen. Als deutliches Zeichen der vollständigen Aussöhnung zwischen dem Fürsten und den Embern kann wohl der Umstand angeführt werden, daß Christian Eberhard am 14. des Monats sogar den Erbprinzen Georg Albrecht aus Aurich nachkommen ließ. In diesen Tagen ging es in der freudig erregten Stadt Emden hoch her.[2]) Eine Festlichkeit drängte die andere, ein Gelage das andere. Ohne Mißklang schlossen jene Versöhnungstage. Mit wie großer Liebe und Innigkeit die Bewohner der Ems-Stadt ihrem angestammten Fürsten entgegengekommen sind, zeigen u. a. die einfachen, aber tiefgefühlten Sinnsprüche und Gedichte unter I, die sich alle auf Christian Eberhards Anwesenheit in Emden vom 10. bis 18. Oktober 1699 beziehen.

---

[1]) seit 1690.
[2]) Vgl. Ostfries. Monatsblatt 1873 S. 373 ff.

Verheiratet war Christian Eberhard seit 1685 mit Eberhardina Sophia von Öttingen. Diese, eine treffliche Frau und Mutter, starb, nachdem sie zwölf Kinder, von denen acht sie überlebten, ihrem Manne geboren hatte, schon im 35. Lebensjahre zum allgemeinen Leidwesen am 10. Oktober 1700. Ihr Dahinscheiden behandelt unter II eine sogenannte Rouw- oder Totenklage. Der Fürst erwählte, um unnötige Ausgaben zu vermeiden, zu seiner zweiten Frau nicht eine ebenbürtige, sondern das Fräulein Anna Juliana von Kleinau. Diesen Schritt billigten die Verwandten des Fürsten durchaus nicht, während die Stände, welche nach ihrem gesunden Menschenverstande und ihrer Liebe für Christian Eberhard urteilten, durch Glückwünsche und Geschenke ihre Zustimmung zu erkennen gaben. Überhaupt ließ das Verhältnis des Fürsten zu seinen Unterthanen nichts zu wünschen übrig. Zu früh für alle verschied Christian Eberhard schon im 43. Jahre seines Lebens am 30. Juni 1708. Sein Nachfolger in der Regierung wurde der Erbprinz Georg Albrecht, der im Jahre 1690 geboren war. Ihm wurde am 21. November 1708 in Aurich gehuldigt (vgl. III), im Harlingerlande erst 1710. Hierbei mag hervorgehoben werden, daß dies die letzte Huldigung war, welche im ostfriesischen Fürstenhause vorgenommen wurde. Von 1708 bis 1715 dauerten die glücklichen Zeiten fort. Da trat eine Reihe von Unglücksfällen ein, unter denen besonders die Weihnachtsflut von 1717 zu nennen ist. Bald entstanden außerdem Streitigkeiten zwischen dem Fürsten und seinen Unterthanen. Der Friede war dahin. Es kam sogar zu offenen Feindseligkeiten am 2. Februar 1725 in Leer und am 5. April 1727 bei Hage und Norden. Die moralische Schuld an den Zerwürfnissen zwischen den Ostfriesen und ihrem Herrscher trug im wesentlichen der Kanzler Brenneisen, der seinen Herrn geistig gefangen hielt. Georg Albrecht starb, wie sein Vater im besten Mannesalter, am 11. Juni 1734, bevor er sich mit seinen Unterthanen ausgesöhnt hatte. Ihm folgte Karl Edzard, das einzige seiner fünf Kinder aus erster Ehe,[1] das ihn überlebte. Ihm gilt das Geburtstagsgedicht IV, während unter V die

---

[1] mit Christiane Louise, Prinzessin von Nassau-Idstein. Die Ehe mit der zweiten Gemahlin, Sophia Carolina von Brandenburg-Culmbach, war kinderlos.

Dichtungen auf den Tod des Vaters zusammengestellt sind. Karl Edzard war bei dem Ableben seines Vaters erst 18 Jahre alt. Er trat die Erbschaft des Haders und Zwistes an und ward nie seines Lebens recht froh. Sein sehnlicher Wunsch, einen männlichen Nachkommen zu haben, dem er sein Fürstentum hinterlassen könne, blieb unerfüllt. Nur eine Prinzessin, Elisabeth Sophia Magdalena Karolina Wilhelmina, die seine Gemahlin, Sophia Wilhelmina von Brandenburg-Culmbach, ihm am 5. Dezember 1740 gebar (vergl. VI), war der einzige Segen seines Ehestandes; aber auch diese Prinzessin starb ihm schon am 14. Juni 1742. Kaum zwei Jahre verstrichen, und der letzte männliche Sproß des Hauses Cirksena verschied am 25. Mai 1744 in einem Alter von 28 Jahren, nachdem er wiederholt, aber vergeblich in Bädern Heilung gesucht hatte. Am folgenden Tage ergriff Friedrich der Große kraft der Anwartschaft, die der Kaiser Leopold und die Kurfürsten des Reiches im Jahre 1694 als Entschädigung dem Hause Hohenzollern erteilt hatten, durch ein königliches Patent Besitz von Ostfriesland und führte Gesetz und Ordnung ein.

I.

Naam-versen*)
op de aankomst van syn vorstl. d[oorluchtigheit]
Christian Eberhard, vorst van Oostfriesland, heer tot Esens, Stedesdorf en Wittmond etc. etc.

Den 10. octobr. binnen de hoofdstadt Embden vertoondt
onder meer andre sinnspeelende verbeelding in de opgerichte eeren-booge voor het woonhuys van de heer landrentmeester Justus Coenring, weeder syds binnen-boogs gedraagen op een blouw kleedt
van twa vliegende basuyn engelen.

A.

C-hristus,¹) dien vreede-vorst, voldoender van ons' sonden,
H-eeft Christiaen Eberhard met ons in liefd' verbonden:
R-yst dus dan op gement'! en geeft Jehova eer'!
I-n dees gewenschte tyd, wyl wy naa ons begeer'
S-oo vollig onse wensch verkrygen naa behaagen,
T-e sien, dat onse vorst ons by komt in ons' daagen,
I-n liefd' en vreed' gegespt; ²) geen harnas oyt soo sterck,
A-ls dit tot seekerheidt in tweedraghs-worstel-perck:
E-y't was te lang' gedraaldt! gelyck men kan aanmercken!
N-aa d'yver van't gemeen in groene-loover-wercken.

---

*) Auricher Archiv. Akten IX 29 Hs.
¹) steht auch in Nr. 40 Fol. der hiesigen Landschafts-Bibliothek. Hs (= L).
²) gespen = schnallen.

E-lck roep' dan luydkeels uyt: Lang leev' doorlugte vorst!
B-escherrem ¹) hem, o God, gonn' hem een langes leeven!
E-n seeg'ne hem voortaan, syn siel oock nimmer dorst:
R-ycklyck wilt uwen geest uytstorten en hem geeven.
H-ebt altoos sorg' voor hem en syn doorlugte stamm,
A-ansiet ons' princen, laat het manlycksaad' staag duieren.
R-oemwaardigt haar te zyn in stor'm voor ons een damm,
D-ien ²) nimmer doorbreeckt, maar stantvastig staat ³)
    als muieren.

B.

C-an men beeter tyd besteeden?
H-eeft het niet syn wyse reeden, ⁴)
R-oem en loff te breiden uyt?
I-n en door het groene kruydt?
S-oo waneer lands-vorst en vaader
'T-hartt' ⁵) verquickt door liefdens aader
I-n en door een vreed-verbondt,
A-ls hy ons de eere gondt?
E-n sig ⁶) selver hier komt toonen?
N-iemant kan ons' handel hoonen!

E-ed'le heer en landes-vader:
'k B-id', ⁷) neemt dit uyt liefde aan
E-n weest ons gelyck een aader,
R-yck van liefd' als een pelcaan!
H-oe sull' wy ons aan u ⁸) hegten,
A-ls den wyngaard om den ranck!
R-oem en loff te saamen vlegten!
D-it in't kortt gewenscht van Blanck.

---

¹) L: Bescherm.
²) L: De.
³) L: blyft.
⁴) = reden, Ursachen.
⁵) L: T'hert.
⁶) L: sick.
⁷) L: Bidt.
⁸) L: ū.

C.

Beschryving en verklaaring' van dessen eeren boog'. [1])

Dees' eerenboog' van vier pylaaren,
Als dubbeldt twee voett van malkaar,
Waar in ses lovec krollen waaren
Gelyck en effen, d'een als d'aêr,
In't vierkant twaalef voett gemeeten
De binnen kanten, en de hoogt
Op viertien voett, waar op geseeten
Vier beelden naa melkaar geboogdt:

De vreede met een tack' olyven
Uyt blaasende staag vreugd', geen karr'm,
De sterckte toond', dat sy moch blyven
Gelyck dien pylaar in haar arr'm.
De liefd' deed oeck met betoonen,
Dat hoop' door liefd' soud' zyn gevoedt,
Dit blaaden uyt vier liefdens soonen
Aan beide syden voll van moedt.

't Geen dat sy blaaden, kont gy mercken
Hier boven op des vorsten-naam
Gerymt: Sy hongen aan haar vlercken
Aan een groen-krolde-richelraam.
Oock vier festonnen net van luymen
Vond' men in d' ingang beid' gelyck
Met seeven wel getopte pluymen
En overal van bloemen ryck.

Oock had't gy Christiaen Eberhard
Verbeeldt in een bebloement hartt,
Ons hartt, de bloem van soeten hooning,
Sal altoos zyn voor hem een wooning.

Besluyt of opschrift:

Dit was tot cieraad van ons stadt
En vreugde van't geemen [2])
Ter eer van Christiaen Eberhard,
Naa 't loff van yder een.

---

[1]) Diese Beschreibung fehlt in L.
[2]) Diese beiden Zeilen stehen wieder in L.

D.

Vreugden-gesang¹) over de blyde aankomst, verblyff en uytvaard van syn vorstl. [doorluchtigheit] Christian Eberhard, vorst van Oostfriesland, herr tot Esens, Stedesdorf en Witmond etc. etc. in de hoof-stadt Embden van den 10. tot den 18. october 1699.

Voys: Courage ça curage.

1.

Komt, borgers en landluyden,
Steldt droefheid aen een kant,
Wilt u te saam verblyden;
Verheugt u g'lycker handt,
Wyl onse vorst en heer
Voldaan heeft naa behaagen
In onse tyd of daagen
Ons wensch en lang' begeer,

2.

Te koomen binnen Embden,
Met vreed' en liefd' gepaart.
Hier sullen veele vremden
Staan over als verstaart,
Wyl van haar wierd' geseidt,
Dat Embden weinig achte
Het vorstelyck geslachte
Of syn doorluchtigheyt.

3.

Vervloeckte leugentaalen!
Opritzers tot verdriet!
Koomt! siet! hoe wy onthaalen
Ons' vorst met all' eerbiedt.
Merckt aan in yder straat
De loff en eeren boogen,
De borgerschap bewoogen
In vrolich krygs gewaadt.

---

¹) Nach dem im Archiv aufbewahrten Druck.

4.
Rangeerdt aan beyde zyden
Langs de geheele stadt,
Waar door ons vorst quam ryden,
Op een wit paerd hy sat:
't Geen nett en wel gemaakt
Was in syn lyf en leeden.
De vorst volmindlyckheeden
Elck een aan't herte raakt'.

5.
Een yder deed' hy groeten
Met mindelyck gesigt!
Dit deed' hem weer ontmoeten
Met dubbelde gewicht.
Elck seide in syn hart,
God laat doch lange leeven,
Wilt geluck en voorspoedt geeven
Vorst Christiaan Eberhard.

6.
De vaandels sag men swayen,
De pieck en barnesaan
Deed' yder hooftman drayen,
De pont naa d' aarde gaan;
Elck een de presenteerd'
Syn snaphaan of musquetten,
Met aen de mond te setten,
De vorst te syn geëert.

7.
De vorst deed' sulcks bedancken
Door de harpauken-slag,
Met veel trompette-klancken,
Dien men al voor hem sag
Met menig hoff-gesind'
En een rey van hand paarden,
Seer deftig groot van waarden,
Elck toonde sig bemindt.

8.
De deputeerde heeren,
D'welck hem hadden ontmoet,
Deên achter hem rangeeren
Naa haar gedaane groet.
De k'rossen voorts gewent
Volgd' elck en deê geleyen
Hem door de borger-reyen
Aan't vorstlyck logement.

9.
De borgers en soldaten,
Een yder volgde met vlydt
Door de beboogde straten;
Maar alte groote spyt!
Want yder deê een salff,
Doch wyl des hopmans stemmen
Niet sterck g'noeg door kont klemmen,
Schoot yder corps pas halff.

10.
Dus deed' men sigh vermaaken
Tot 't eindt van d' eerste dag,
En als men quam ontwaaken
Op't nieuw, men blydschap sag.
Want die stadts magistraat
Quam onse vorst tracteeren
Op't raadhuys naa begeeren
Op't prachtigst naa haar staat.

11.
Naa dat elck had' genooten
De spys' en dranck vol geur, [1])
Soo wierder staag geschooten
Op elck dronck na beheur;
Als d'avond quam op hand
Door 't onder gaan der sonne,
Soo wierden der teer-tonnen
Ontstecken in de brandt.

---
[1]) Wohlgeschmack.

12.
Geen dagh kon lechter weesen,
Als deese avond was;
Dies waerder vreugd gereesen
In toppoint; en soo ras
Men sag door 't traly-werck
De vorst met d' and're heeren
Op't uytsteck sig pleiseeren,
Op straat een weerelt-perck.

13.
Van duysenden van menschen
Die krielden door melkaar;
Elck had' het nu naa wenschen,
Men vreesd' hier geen gevaar.
Schoon of het vuier-werck sprong,
De swarmers door haer vloogen
Om beenen, hoofd en oogen,
Elck een van vreugde song.

14.
De pylen yslyck suysden
En paften in de lucht,
Het vuyer door straalen bruysde;
Niemant was doch beducht:
Men drong en wrong sig plat,
Die gins of daar wouw weesen,
't Was wonder, dat by deesen
Geen mensch noch ongeluck had.

15.
Dies deed de vorst vertrecken
Weer naa syn logement;
Ach! wat doet dit verwecken
Liefd' in 't begin en 't endt!
Dit 's d' eendragt en bestandt,
Waar naa ons oudren trachten!
Dit doet ons' vorst versagten
Tot best van stadt en landt.

16.
De vorst ging oock beoogen
Door de geheele stadt
Dien lof en eeren boogen,
Soo elck gemaket had;
Hier onder viel nu voor,
Dat secker [1]) mann syn kleeren,
De vorst oock meê ter eeren,
Quam spreiden in het spoor.

17.
Soo oock een oude vrouwe
Vol yver ende lust
Riep: 'k meen 't van herten-trouwe!
En heeft syn voett gekust.
Dus elck op syn manier.
Quamen oock een'ge joff'ren,
Ons vorst en erfprins off'ren
Vercierzel van lauwrier.

18.
Nu soud' men wel beginnen,
Te singen van de vreugd,
Soo op de borg en binnen
Geweest is naa geneugdt
Van onse magistraat,
Viertigen officieren,
Hoe elck deed vroolick tieren, [2])
Een yder naa syn staat.

19.
De brave tractamenten
Van spyse ende dranck,
Om liefd' en vreed te enten [3])
In stamme ende ranck.
En met een woord geseidt:
't Tracteren der landstenden,
't Begin en weerzyds enden
Door 't vorstelyck beleydt.

---

[1]) gewisser.   [2]) lärmen.   [3]) pfropfen.

20.
Onmooglick te beschryven
Waar sulcks op dit papier,
Dies laat wy't hier by blyven
En varen met pleysier
Op d' Eems met onse vorst,
Ons erfprins en ons raaden,
Om ons in lust te baaden,
Een yder hier op torst.

21.
De jagten sag men seylen,
De smacken wel bemand,
De booten sonder peylen
Gaven sig meê van 't land,
Dit krielde [1]) door malkaar;
Een wonder, om 't aanschouwen.
De Eems-god aan 't verflouwen
Scheen als in lyfs-gevaar!

22.
Door 't knallen ende schieten
Van het canon en kruydt,
Dies seid hy: 'k wensch te weeten,
Wat of dit doen beduyt.
Ras stack hy met 'er vaart
Het hoofd eens uyt de golven, [2])
't Geen stracks weêr was bedolven,
Syn ogen doch verklaardt.

23.
Dies deed hy voorts beveelen
Aan winden ende stroom,
Dat yder in syn deelen
Soud passen op syn toom,
Op dat ons' vorst en heer
Voldoen moch naa behaagen,
Bevryd van stortem vlaagen,
Syn wensch en lang begeer.

---

[1]). wimmelte.   [2]) Wogen.

24.
't Welck aanstons oock geschiede,
De sonn oock niet te min
Syn straalen aan hem biede,
't Was yder naa syn sinn;
Dies voer men heen en weêr,
Elck toonde duysent dingen
Met speelen ende singen
Alleen ons vorst ter eer'.

25.
Dies socht men weêr te landen.
Elck een die was voldaan:
Daar sag men in de wanden
Van een raseyel staan,
Soo doen lag in de boom
Een rey ontalbaar menschen,
Die riepen ende wenschen:
O vorst, west wellekoom'!

26.
Dit toonden sy door't drayen
Van d' hoeden om haar hoofd',
Een yder dede prayen,
Dat een 't gehoor verdoofd',
Soo hart en soo vervaardt,
Niet naa de hoofsse swieren,
Maar door geroep en tieren
Naa bootsgesellen-aardt.

27.
't Scheen echter doch te weesen
Voor onse vorst en heer
Een vreugde in syn weesen,
Want hy sig boog' voor neêr.
Dies was de dag volbragt;
Een yder ging te rusten,
Naa dat hy deese lusten
Waardeerlyck had geacht.

28.

Dus dan ons' stadt vol vreugde
Een dag âᵥ acht [1]) geweest;
't Welck yder een verheugde
In't binnenst van syn geest,
Maar 't vorstelyck vertreck
Quam alte ras op wellen,
't Geen yder deed ontstellen:
Dus kreeg' ons vreugd' een leck.

29.

Nu d' uytvaardt te verhaalen,
Is d'aankomst meest gelyck.
Doch wat al liefdens straalen
Hy toond' tot volle blyck
Door dees en geen vysyt!
Dies sluyt ick voor het laaste
En bid' u weerkomst haaste
Tot spyt van dien 't benydt.

30.

De Heer laat oock gedyen
Alt geen hier is geschien,
Wy meermaals met verblyen
U aanschyn moogen sien.
Vaar wel hier op, o vorst!
De Heer wil u bewaaren,
U lyf en leeven spaaren,
Uw siele onbemorst.

t' Embden.
Gedruckt by Cornelius Blanck, ordinaris boeck-drucker deser stadt.
met consent.

---

[1]) acht Tage lang.

E.

1.

Nieuw poort-straate.) ¹)

Weest welkom, edel prins,
Alhier in onse vesten,
Godt spaar ü lang gesont
Tot stadt en landes besten!
Vivat Christian Eberhardt!
Sulks wenschen wy mit siel en hart.

2.

(Buiten de oude nieuwe poort.)

Wees wilkoom, waarde vorst
en allergenadigste heer!
Godt spaar ü langh gesondt
Tot stadt en lands regeer!
En oock de jonge princesse
all met haar jonge spruiten
van de olyven boom!
daermee wil wy besluyten.

3.

(Tusschen de beyde merckten.)

Wy maaken voor het vorsten hooft
Een kroon' van lauwrieren,
Wilt de met hert en loff,
met danckbaerheit verzieren.
En voegt se hem dan toe
en roept dan ooverluit:
O! deel o! Embder deel,
Daer alle vreugd uitspruit.

4.

Hoe schaft een güre ²) maand dus overvloedig groen?
Dat kan de oostvriesche son naast God alleenig doen.
Dat lang de Eemse stadt zy door syn schyn verwarmt,
Waar door de gulde vré gerechtigheit omarmt.

---

¹) Landschaftliche Bibliothek. Fol. 40 Nr. 41: Dermalige in der Stadt Embden gemachte Inskriptiones und Divisen. Hs.
²) = guur, kalt.

Godt segne Christian en syne gemalin
en voor haar eens, maar spaad, ten derden hemel in!
Dat sy dien vorst gewenscht van ons, hoe wel wat laat,
De trouwe burgery in deese groote oosterstraat.

5.
(Nieuw-poort-straate.)
Hoogste, doorluchste vorst, verheven landesvader,
Üwe goede gunst, genae! bestraalt ons nu wat nader.
Jehova heeft verhoort, vereenigt is't saam,
Nu sien wy sulx, daerom verblydt is de onderdaan.

6.
(Nieuwe merckt.)
Gott will mit onsen vorst noch weesen
En will hem setten op den troon,
En sie van jeder een gepreesen!
Oostfriese tacken bloyen schoon.

7.
Vreugde vuiren sagh men branden
met singen, springen hier en gins,
met soeticheit all handt an handen,
't was all ter eeren van ons prins.

8.
(Vooraen in de bolten-poortstraat.)
Wanneer d'oude eeuw byna nu waar vervlooten,
doen heeft ons vrede vorst een vreedens straal geschooten
in Christiaen Eberhards ziel, ons wettig heer en vorst,
waarna dat menig iaar Oostvriesland heeft gedorst.
Ons agtbaar overheern,[1]) ja ridderschap en lehden,
dee in Oostvriesland zyn, ontvangen ü in vrehden,
in haaren vreede schoot, dat is de Emsige stadt,
dien noit dog, waarde vorst, dees ehre heeft gehadt.
Ons vreedsaam borgerie doet daarom liefde blyken,
een jeglyk toont hem trouw, gelyk men kan bekyken

---
¹) Hs.: overheen.

aan ü, ons vorst en heer en onses lighaams hooft,
want onse borgerie ü goeden inborst looft
door teekens van dee liefd en al het vroegd bedryven,
met vūr en kroonenwerk en loftuits verssen schryven.
Lang leve onsen vorst voor onse stadt en staat,
om dat ghy vreed bemind in plaatz van wrangen haat!
Geregtigheid en vreed moet nu malkaar ontmoeten,
die waarheid, liefd en regt haar wederom begroeten.
Godts seegen volgen sal, als in den ouden dag,
doen men ons vorst en stadt volkoomen eenig sag.

9.
(Nieuwe poortstraate.)

Wy wenschen ü, door liefden gloed gedreven,
Doorluchste vorst, een lang en zaalig leeven!
En dat by ü ons land van dagh tot dagh
In vreed en voorspoed altoos groeyen mag.

10.
(Borgstraate.)

Het is nu 'twaar en goed, maer eens manqueert van allen,
Dat wy niet glyk en sien tot onser hoogst gevallen.
Furstin, prins en princessen, iae't gansche lüstre hoff,
Op dat, soo gering wy zyn, mogten singen haeren lof.
Doorluchte vorst!
Men heeft geen beelden voor ü naem noch voor ü gaven
op te richten.
De dood moet voor ü roemb're faem en voor de sang-
godinnen swichten.
Ü lof die houd voor eewig standt, en sou men ü nae
waerde vieren,
'T ontbrack ons lieve vaderland aen palmen, myrten en
laurieren.
Geluckig zyt ghy stadt, die van dees tyden aen
Wert door een heer regeert, wiens is Christiaen,
Want God met hem sal syn, die nae syn eigen naem
Als een waerhaftig christ heerst [1]) tot zyn loff en faem.

---

¹) herrscht.

11.
(Het oude merckt.)
Schoon Roomen tont haar pracht met steen en marmere boogen
Van 't afgesleepen puyn des vyants buyt gebout,
Dit's voor een vreedsaam vorst uit leefd' en kleen vermoogen,
Den hemel croon syn deugt met seegen meenigvout!

12.
(Vooran in de valderstraate.)
Wie sul wy best ons seege boge wyden?
wie beter als vorst Christian Eberhard?
wiens luister crans en pyramiden tart,
die door syn komst is d' oorsaak van't verblyden,
elck roept: Weest wilkoom, prins! elck soeckt hem t'eeren,
de lof trompett van syn geluchte faam
vult landt en stadt en straat met synen naam' [1])
en deugden schal, waarin wy ons verneeren,
't is all te min, om dit alleen te kiesen,
laat palm of laurier struick of myrten boomen
't buitenste van't vorstlich hoofft bekroonen,
syn grootste roem is't herte der Oostfriesen.

13.
(In de kleene osterstraate.)
Dit is ter eeren van ons vorst gedaen,
Christian Eberhard is syn naem.
Syn comst is by ons aengenaam.
Syn hoochheit gaat by ons, hyr vermaken,
wy wenschen, dat de engelen op syn komst oock wachten,
en dat hemel vreede gae uit onse vesten
tot Goodes eer, landt en kercks besten.
Dit wenschen wy van den hoogsten Heer.

14.
(Noch buiten de oude nieuwe poort, voor bmr. [2]) Pollmans hues.)
'T lust ons ook, onsen vorst met zeegenryke toonen
     Als in triumph te kroonen.

---
[1]) Hs.: naame.   [2]) Bürgermeister.

Kom nu dan, Oostervries, en voeg ü aen ons' zy
 En meng ü vreûgd hierby!
Want nu is de gulde eeuw in deesen landt an't daagen
 Nae jeders welbehaagen,
Waar oover wy ook nu in vreugd als syn verwerd
 Met uytgespannen hert;
Wy hebben ons bereit in juig en seegen praalen,
 Vorst Christian in te haalen,
Vol hoop, dat eenigheid (die door een hagel slag
 Benaa herneeder lagh)
Sal door dees somer lucht weer moedelyk uitspruiten
 Spyt geener, die het stuyten. [1])
Oostfrieslandt! juyche dan en bid, dat Godt een seegen
 Stort als een dichten reegen
Op Christian Eberhard! lang leeve Georgs soon
 Op zyn voorouderen troon!
Met zyn vrouw gemalin, en dat in lengt van jaaren
 Godt wil syn seegen paaren!
En zeegen oock haar spruit van beyderley geslaght
 Met heil zegenende kraght!

15.
(Noch groote oosterstraat.)

Gesegend vorst ende vorstinne,
(Jehova sy ü diel en lot!)
Ay, koomt tot ons met liefd' en minne,
Soo sul we looven onsen God.
Hy spaar haer ook in lengd van jaren
Met haere spruiten schoon en teer,
Op dat haer land en stadt welvare,
O Jesu! tot ü loff en ehr!

---

[1]) hindern.

II.

Rouw-klaghte [1])

over de haestige ende onverwaghte doot van de doorlughtige en hooghgeboorne vorstinne ende vrouw, mevrouwe **Everhardina Sophia**, geboorne princesse van Ottingen, in leven vorstinne van Oostfrieslandt, vrouwe tot Esens, Stedesdorph ende Witmundt, myne gewesene seer genadige vorstin en vrouw. Tot Aurigh den 30. October anno 1700 gestorven ende aldaer den 9. february des iaers 1701 hooghstaelyck in de hoogh-vorstelycke tombe begraeven. Gedruckt tot Embden. By Menno Kallenbach, deser stadt en ordinari landschap drucker.

Hoe wisselvalligh is het lot van alle menschen,
En in hoe weinigh tyt verliesen zy haer wenschen!
Wanneer zy meest te vreen, ontvlieght haer met een snap.
t'Geen waerd te zyn gestelt op d' alderhoogste trap.
Het wreede nootlot heeft met spoet oock wegh genomen
Haer, voor wiens leven als men hadde moogen komen
Met beed, met sught en traenen in het oogh,
t'Welck alles oock al eer de Godtheidt wel bewogh,
Te schorssen t'noot besluyt, soo had men wel verworven,
Dat soo vergode mensch soo niet was wegh gesturven.
Maer ach, men hoorde niet van deesen bloems verslenssen,
Eer dat het sonde was, haer weerom hier te wenschen,
Dat schrickbre woordt, dat ons in onse ziel verdroot,
Kwam als een donder slagh, ach! ons vorstin is doot.
Hart scheurend nieuws voor ons, dat soo de doot door drong
Tot een soo schoon, soo wys, soo deught saem en soo jong.
Vreugd van ons eeuw, en vordeel van een tweede,
Waer voor u vrughtbre moeder soo veel leede,

---
[1]) Landschaftliche Bibliothek 93a Fol.

Ghy waert te vreen, dat voor t'gemene best
U geesten vloogen wegh, u bloedt verspild opt lest.
Wat kont ghy meer voor ons, die hier nogh wroeten,
Als naer veel lyden selves t'leven in te boeten,
Naer dat ghy hebt gebaert voor ons en t'gantze [1]) landt
Soo meenigh waerde prins, die tot haer onderstandt
Nogh eens beklimmen konnen haer heer vaders stoel
En volgen int [2]) bestier van het oostvriesch gewoel,
Naer dat dien wackren vorst zyn daegen eens sal enden,
t'Welck dogh het noot bestier nogh lange wil af wenden,
Ons gunnend langh t'genot van zyn lighte staff
Tot vorstandt van de deught en tot der boosen straff.
Ons over, waerde ziel, die nu in vrolyckheden
V tyt soo uit gesight u'ws scheppers kunt besteden,
Betaemt wel, dat wy over v, o groote vrouw,
Bedryven groot misbaer, betoonen groote rouw.
Hoe kon men in dit landt een grooter schat verliesen
Als v, onschatbaer beeldt en moeder van de Vriesen,
Vaert ghy voor eewigh wel met d'hemelsche geschencken,
Wy sullen u op aerd met loff en prys gedencken.

door
A. M. E.

---

[1]) Druck: gantche.   [2]) Druck: nit.

III.

Segen-wensch ¹)
over den
doorluchtigsten
vorst
en heer,
heer Georg Albrecht,
vorst
van
Oostfriesland,
heer van Esens, Stedesdorp
en Witmund etc. etc.
Als syne
doorluchtigheit anno
1708 d. 21. novemb.
gehuldiget
wierd.
Door A. S.

Aurick,
Gedruckt by Samuel Böttger, hof-boekdrucker
van syne hoog forstl. doorluchtigheit.

Vorst! alschoon myn pen soo prachtig niet kan smeden,
Wat majesteyt betaamt of hoog en vorstlyk scheynt,
Dog siet u **schrander** ²) oog niet op de pen en reden,
Maer hoe het jeder een met mond en herte meynt.
Drom wensch ick, **schrander vorst**, o sterre van ons landen,
Uyt Zion heyl en gluk, dat op u druype nehr
Den balsem op u **hoofd** uyt onses Godes handen,
Dat in Ostfriesland ook nu **Jacobs God** in kehr.

¹) Archiv-Akten III 13.
²) klug.

Doen David was gesalft in Israël tot koningh,
Wiert haest syn koninks hoofd om zingelt met verdriet,
Soo dat hy balling ¹) was en uyt syn land en wooningh
Moest vlugten, glyk men uyt het boek des Heeren siet.
Maer siet, kloek moedig vorst, wy wenschen u den
sehgen,
Dat steets u ryk in vre en stille ruste bleiv',
Glyk u heer vader heeft van synen God verkrehgen,
Dat deese sehgen ook op u, o vorst, bekleiv'!
Dog na ick wel bemerk, God selfs heeft u gekroonet,
De wysheit en verstand in uwe siel geprent,
Daer van't geroep al in Oostfrieslands steden woonet,
Ja, selfs in Holland tot an Leyden is bekent,
Men seyd: G'org Albrecht voed't ²) geen duysend
kryges paerden,
Syn hand verlaat sig niet op spiesse nog op lans;
Ook was hy niet bevreesdt voor Frankryks blanke
swaerden,
Dog steunt ³) hy nu op God en niet op oorlog-mans.
Op God, wiens heiligheit men hem heeft angeweesen,
Niet erst int ouderdoom, maer in syn eerste jeugd,
Syn herte heeft gelehrt God soeken en hem vreesen,
En hoe men buyten dien noiet vindet waare vreugd.
Hy wil die zyn bedrukt gelyk een vader hooren,
Hy schept syn herten-lust uyt Godes heilig boek;
Hy weet, dat ook een vorst moet volgen Christus
spooren,
Op dat syn land verkryg een segen, niet een vloek,
Hy siet opt arm gesucht en hoort des weesen kermen, ⁴)
En daer na moet so voort de waagschaal wettlyck ⁵) slaan;
Voor boosen klinkt een sweerd, voor vroomen is ont-
fermen, ⁶)
Hy seid: Ik selfs moet eens voor Christus recht-stoel
staan.
Des werrelds modder-poel ⁷) en haer gevaarlyk doolen
Is buyten syn gepeins; ⁸) hy siet een helder licht,
De waare wysheit, die van menschen niet gestoolen,
Maer die de vader uyt den hemel heeft gestigt.

---

¹) Verbannter. ²) unterhält. ³) stützt sich.
⁴) Klagegeschrei. ⁵) rechtmässig. ⁶) barmherzig sein.
⁷) Moderpfuhl. ⁸) Überlegung.

Hier in laat nu, o God, hoe langs hoe meer hem groejen,
In wysheit, die uyt u in syne siel wast an,
En laat hem so gestaag gelyk een palm-boom bloejen,
Dat jeder onder hem steetz schadwe vinden kan.
Laat, vader, laat u geest by desen held soo wesen,
Dat hy een wakent oog vor kerk en schoolen draag,
Laat vorst en onderdaan alsoo den Heere vreesen;
Dat u Oostfrieslands Godt, ons gansche land behaag.
Syn vorstendoom staa vast gelyk de Zions bergen!
Syn regiment dat blyv' in enkel vree en rust!
Dat noit geen oorlog hem in onse land mag vergen,
Maer dat gerechtigheit haar met de vrede kust.
Noit laat een vos nog wolf in stad of dorpen heulen,
Schik elk een harder [1]) toe, die soo de sielen leyd't,
Dat Christi küdde [2]) mag in syne hoede [3]) scheuylen!
Dat niet als heemels gras de arme schaapen weyd'.
God trecke noit geen dag, veel minder maand of iaaren,
Syn godlyk anschyn af van syn doorluchtigheit!
Hy laat syn siel en geest door s'hemels kragt ervaren,
Hoe met Gods maiesteit de siel vereenigt wert!
Soo sal hy eens vor God van glants en luyster blinken
En daar in heerlichkeit meer als een koningh staan
En uyt Gods heyl-fonteyn het levens waater drinken
En dan met Christus bruyt op't lammes bruy-
                        lof [4]) gaan.

---

[1]) Hirt.   [2]) Herde.   [3]) Schutz.   [4]) Hochzeit.

IV.

Ostvrieslands-vreugde-dag
ontluikt op de heuglyke geboorte
van den
doorlugtigsten erf-prins te Ostvriesland,
Carel Edtzart,
voorgevallen den 18. Januari 1716, in digt-maat gesteld en in schuldige onderdanigheid gehoorzaamst opgeofferd aan den doorlugtigsten vorst en myn genadigsten heer,
heer Georg Albrecht.

(Archiv-Akten I 19. Hs.)

Wat blyder maar [1]) ontvonkt nu myn gemoet!
Wat inn'ger lust doortinteld [2]) myn gebloed!
Het hert, tot vreugd geprikkeld zynde,
Ving dartelyk [3]) te dobberen, dit pynde
En dwong my, wel te letten [4]) op die maar.
O! blyder maar! zeg op! wat is't? daar, daar
Is 'n prins, een prins, tot 's Vriesen roem gebooren!
Van God tot steun [5]) der vorsten stam verkooren.
Juigd, Vriesen, juigd! zingd God ter eeren lof;
Hy geeft voorwaar hier in u roemens stof.
Doorlugste prins, zyd welkoom in de weereld.
Ik groet, ik kus! alzagt 't verstand, dat dweereld,
Door grooter vreugd! ik werp my voor u neer:
'k Verlies my zelv! en vind' m' in blyschap weer.
O! heemel Heer, u naam zy staag gepreezen
Voor dit geschenk; laat hy u dierbaar weezen

---

[1]) Gerücht. [2]) durchschauert. [3]) lebhaft.
[4]) aufmerken. [5]) Stütze.

En zeer gelievd: bewaard hem van om hoog
In gunst, als 't swart der appele van u oog.
Liev-waarde prins, God schenk een reeks ¹) van jaaren
Aan u en wil voor rampspoed ²) u bewaaren:
Hy overstort ³) uit zyn genaden stroom
U ryklik met zyn zeegen; jaa, hy koom
Met heil en heul ⁴) u meer en meer omringen
En doe u deugd ⁵) vast door de wolken dringen;
Verryk't verstand met waare wysheids-schat
En stier u gang op 't heilig leedens-pat,
Dat alle cier eens christens in u praale, ⁶)
En Gods-vrugt uit al uwe daaden straale.
Wat vort een prins volmaakte schoonheid gaf,
Doorlugt in u en straale van u af,
Doorlugste prins, dat jeder zig moet leggen
In ootmoet neer uit eerbied ende zeggen:
Dit 's ware beeld van onzen heer en vorst,
Die 't hoog bestyr ⁷) des lands roemrugtig ⁸) torst:
In wienzig paard, o! heil der onderdaanen,
Genaade en regt, steekt vrie op vreugde vaanen
En juigt in hem, Oostvrieslands trauwe volk,
Die u bevryd van slavernie en dolk
En u gerust in zeekerheid doed leeven.
Doorlugste vorst, God wil u leef-tyd geeven,
So lange tot u kruin ⁹) verzilverd zy,
Hy strekke meer en meer u heerschappy
Al uerder uit en laatze staadig groeyen.
U vorsten stam moet ewig, ewig bloeyen.
Doorlugste vrou, genaadigste vorstin,
Hoe ryk bekroond gy 's vorsten lievde en min,
Nu gy hem schenkt een zoon, van God gebeeden,
Een cier van't hof! een steun van land en steeden.
Hoe teeder ¹⁰) drukt me-vrau die vorsten soon
Op't moeders hert! hoe dartelen de zinnen!
Nu zy haar prins, die jonge spruit ¹¹) mag minnen,
Die luist'le twyg van't vorstelyk geslagt.
Gods zeegen rust op u, vernieuw u kragt,

---

¹) Reihe. ²) Unglück. ³) überschütte. ⁴) Hilfe.
⁵) Tugend. ⁶) prunke. ⁷) Regierung. ⁸) preiswürdig.
⁹) Scheitel. ¹⁰) zärtlich. ¹¹) Sprössling. Hs: spruikt.

Om weer versterkt op't eerbre leedicant ¹)
Met uwen vorst op 't nieuwde huiwliksbant
In teed're lievd' tot volle lust te knoopen,
Waar uit men weer vernieuwde vreugd kan hoopen.
Gods zeegen rust op u, doorlugste paar,
En voer u eens, hier 't zat, by de eng'len schaar.

Groey in Moogendheid.

V.

Auf Georg Albrechts Tod (1734). [1]

A.

1.
Truirt nu, ons lant, truirt nu in rouw,
truirt nu, o hyr syn reden,
om dat is ooverleden nu
onsen lants heer in vreden,

2.
Onsen lants heer, de kroon vant lant,
onsen vorst, ons lants vader,
die heeft Got door syn sterke hant
van ons rukt allegader.

3.
O! wie sauw nu niet truirig syn,
als hy regt gaet betragten
over 't verlies der sonnenschyn,
die nu is gaen vernagten?

4.
Als men anmerkt ons vader milt,
die nu is weg genomen,
ja, ons beschermer, schut en schilt,
besonder voor de vroomen?

---

[1] Archiv-Akten VII 33. Hs.

5.
Ja, wyl hy self vroom van gemoet,
in deugden blonk op aerde,
so was hy ook den vroomen soet,
een schat van grooten waerde.

6.
Maer ag! hy is ons nu ontrukt,
hyrom so moet wy truiren
en gaan nu krom ende gebukt,
al om den Herr der heeren.

7.
Dog als wy nu wat stille staan
en ons hyr in beschouwen,
dat hy so haest is heen gegaan,
waer door wy int benouwen;

8.
O 't is dog onse sonden schult,
die wy dus ver [1]) bedreeven,
waer door ons vorsten, vroom en milt,
van got geeist uit leven,

9.
Want de sonden vant lant doen het,
dat vorsten niet lang leven,
so is dit nu de reden net,
des mogen wy wel beeven.

10.
Maer ag! wat sal ick klagen lang
oover onsen lants vader,
wyl het dog got die synen gang
bevordert heeft om nader,

11.
Te gaan int euiwig vorstendoom,
om daar gekroont te worden
als kooning ende priester vroom
in d' hemels saelge orden?

---

¹) weit.

12.
O! hy is dan nu heen gegaan
den weg der gantser werelt,
om 't euiwig vreugden ryk 't ontvaen
en daer te syn beperelt ¹)

13.
In volle glans en heerlykheid,
al in het hof van Eeden,
voor alle saligen bereit;
laet ons nu syn te vreden.

14.
Hyrom dan, hoog gebooren vrouw,
gelaten hyr beneden,
al schoon sy hyr diep is in rouw,
sy geef haer dog te vreden.

15.
O! hoog geboren markgravin,
vroom, heerlyk, uit gelesen,
den vorst van alle vorsten min
wil uwen trooster weesen;

16.
Die sy haer schilt, haer borgt en heil,
door tyt in euigheeden,
tot dat sy ook het beste deel
met haer gemael in vrede[n]

17.
Antreet het euwig vorstendoom
benevens haer beminde
en dan d' euwige eeren kroon
met hem te moogen vinden.

18.
Nu laten wy ons truirgeklag,
om dat wy sien geresen,
ons nieuwen vader, die ons ag!
en truiren sal genesen,

---

¹) mit Perlen besetzt.

19.
Ons niewen vorst, ons edlen helt,
die nu van got hyr booven
is weder tot een vorst gestelt,
laet ons got daer voor looven

20.
En voortaen bidden, dat hy hem
wil kroonen met genade,
met ligt, met heil¹) met hoogestem,
op dat hy ons slae gade,

21.
Op dat in hem dan eere woon,
en trouw in hem uit blinke,
gekroont van got int vorstendoom,
waer door ons droefheyt sinke.

22.
Hyr op gryp wy dan weeder moet,
wyl got nog deese sonne
weder oover ons opgaan doet,
o! dat wy troost gewonnen!

23.
O! dat nu got dit heuglick paer
met seegen so bestrale,
op dat wy alle met malkaer
juighen met blyde tale:

24.
Lof got voor ü genade groot,
voor ü groote weldaden,
dat gy ons nog niet hept ontbloot
van een vorst met genade!

25.
Wyl nu den eedlen stam alleen
staet nog in bloey verheeven,
so smeek²) wy tot got met gebeen,³)
got wil ons vrugten geeven

---

¹) Hs: mit ligt mit heil.   ²) flehen.   ³) = gebeden.

26.

Tot vreugt en blytschap van ons lant,
op kint en kindeskinder,
op dat also ons vorsten stant
mag bloeien sonder hinder,

27.

Op dat wy voortaen al gelyk
als trouwe ondersaten
geneeten een bestandig ryk
tot onser heil en baten,

28.

Om onder syn baniere vroom'
in vreed te moogen leeven.
Hyr op so smeek wy willekoom
ons herr en vorst verheeven.

door my, alder onderdanigste knegt en dienaer,
F. W., leeraer der oude vlaemse menisten gemeinte
a Lier (= Leer).

B.

Lyck digt
over het afsterven van syn hoogvorstlycke doorlugticheit Georg
Albrecht, vorst tot Oostvrieslant, heer tot Esens,
Stedesdorf & Wittmond etc.

Durft oock de doot door syn alloud gesag
Bestaen an't hoff der vorsten an te kloppen?
Ist mooglyck, dat hy dees syn oor kan stoppen
En niet en agt op smëeken nog geklag?
O ia, het blyckt dat geenderhande staaten,
Hy oyt ontsag, hoe magtig rick of eel, [1]
Hoe out of jong, het schynt hem evenveel,
Selfs Simsons kragt heeft hyr niet moogen bâten,

---

[1] schōn.

Geen vroomen David wiert van hem verschoont,
Geen schoonen Absalom kon hem bekooren,
Geen wysen Salamon, neen, t'is verlooren,
Hy heeft an elk syn groote magt betoont,
Dit selfde is eilaas! oock wedervaaren
Dien dapren vorst Georgus Albregt o!
Hy ging den Weg van alle vlees oock soo,
De felle ¹) doot wou hem niet langer spaaren,
Hy moest alhier syn vorstendom en staat,
Syn gemalin, syn soon en raan verlaaten,
Haer droef geween en kermen kon niet baaten,
Vermits hy haer en allen vlees verlaat.
Dog wat verlies is voor hem in het sterven,
Die door de doot een sulken leven siet,
Waer in hy vol versadiging geniet
En voor het aerds een hemels ryck gaet erven?
Ja Godt gaen sien is immers veel meer waardt
Dan alles, wat een vorst hyr kan verlaaten.
Wat is by t' hoogste goed dog alle staaten?
Want hy is meer dan hemel ende aardt.
T'is geen verlies, het Adams beelt te derven ²)
En dat des niewen levens an te doen,
T'ontfangen Goodes beelt met Jesu soen,
Soo sat te worden is ia vroylyck sterven.
Leg af geween, gy treurige vorstin!
Gun dog u heer t'genot van allen goeden,
Wilt droevig hert u met syn reden voeden,
k' Sal Godt sien Θ Θ (!) schryft die in u sin.
Leg af, vorst Carel Edsart, al het treuren,
Trëe op u's' vaders troon in Goodes naem,
Wilt met u raaden groot en klein al t' saem
Oock Goodes beelt voor t' alder eelste keuren.
Geluckig soo ghy oock alsoo bestaat,
Wanneer u siel dan oock van t' lyf sal scheiden,
Soo sal u sterfuir ³) oock syn met verbleiden,
Soo wort ghy sat, wanneer ghy heene gaat.

Cornelis van Campen, leeraer
der doopsgesinde gemeente
tot Lier (= Leer).

---

¹) böse.   ²) entbehren.   ³) = sterfuur, Sterbestunde.

C.

Klaagh en troost gedicht op het droevich, doch zalich overlyden van onsen doorluchtigsten vorst en heer, Georch Albrecht, vorst in Oostvrieslandt, heer in Esens, Steetsdorf en Wittmundt, gestorven den 12. Juny[1]**) anno 1734.**

Openbaaringe capittel 14 vers 13.

Hoe salig zyn de dôon, die in den heere sterven,
Van nu aan, segt de geest, zy sullen tans beerven.
Het loon vant saligh werk, dat volgt den cristen naa,
Vermits Gods gunst hen geest zyn eeuwyge genaa.

Grafftschriften.

Over psalm 17 vers 13.

't Doorluchtigs lyff van d' vorst Georgh Albregt dat rust
In dees begraffenis, zyn geest die schouwd met lust,
Na dat zy is ontwaakt in Goodes volle weeld,
Versadigt hy zyn geest in Gods onsterfflyk beeld.

Een ander.

Hier rust 't doorluchte lyff van onsen vorst en heer
In dees begraffenis, zyn siele wenst te meer,
Naar dat zy is ontwaakt, de Godheid te aanschouwen
En in zyn beeld versaad de euwge bruylofft houwen.

Een ander.

Rust hier, doorluchtigt vorst, tot dat gy eens ontwaakt,
Dat g' in gerechtigheid Gods lieffde altoos smaakt,
Ja, dat gy in Gods beeld u eeuwiglyk versaad,
Zo looffd' dan uwen Geist on eindig Gods genaad.

---

[1]) Nach Wiarda u. O. Klopp starb Georg Albrecht am 11. Juni.

D.

1.
Wat droeff en naar geluyt koomt heden ons ter oren?
Wat iammerlyke klacht moet nu een yder hooren?
Wat smertelyk gewêen vervuld een yders hert?
Wat wêeklaagt alle man in bitterlyke smert?

2.
Wat is ons landt in rouw, hoe gaat een yder treuren
En soude schier zyn siel van droefheid willen scheuren? [1])
Om 't groot verlies. Wat is 't? Ach hemel, wat een nood!
Ons vorst, ons opperhooft, ons Jonathan is dood.

3.
Dus roept een yderen tot in zyn siel bewogen
In 't droevigh stervenslodt, hoe kunn wy 't haast gedogen, [2])
Dat ons doorluchtigst vorst en vader van ons land
Van ons wordt weggerukt en door de dood vermand? [3])

4.
Ach heemel! wat een nood! wie kan dees slagh beseffen? [4])
Wie koomt dees droeffenis niet aan zyn ziele treffen?
Dus treurt het gantsche land, een yder is ontsteld,
Dat ons doorluchtigst vorst ten graave wordt besteld.

5.
Men hoort geen vreugdtrompet noch instrumenten speelen,
Zulks zouw het droeff gemoet ons vorsten licht verveelen. [5])
Maar 't klokken-instrument, dat roept als met hun tôon:
Ons vorst, ons vorst, ons vorst die sett men by de dôon.

6.
My dunkt, ik hoort gesugt van ons vorstinne stygen
Te heemel int getreur, 't welk haare siel doed hygen
In dees bedroefde staat, waarin zy sich bevind,
Wyl dat haar is ontrukt haar heer, haar man, haar vrind.

---

[1]) zerreissen. [2]) ertragen. [3]) überwunden. [4]) fassen.
[5]) verdriessen.

7.
Haar eigen-weederhelft,¹) 't genoegen van haar leeven,
Het voorwerp,²) om haar geest gestaadich vreugd te geeven,
Die is u, o vorstin, ontrukt tot uwer smert,
Dus breekt van treurigheid in wêedoom schier uw hert.

8.
Indien de groote God u niet kwaam onderschragen,
Zo zoudt g' in treurigheid doorbrengen uwe dagen,
Want uw verlies is groot, uw smerten die syn veel,
Dus is min wens, dat God 't verbrooken hert wêer heel

9.
Door syn genaad en geest, ia door zyn alvermogen,
Zo kan hy 't suchtend hert wêer in zyn gunst verhogen.
Verheugd het droeff gemoed, o God, van ons vorstin
Door uw genadenvloed en goddelyke min,

10.
Zo zal zy door uw hulp haar vorst tans kunnen derven,
Daar 's anders in natuir hadt rêen, om mêe te sterven,
Maar als gy haar versterkt, dan acht zy 't lyden niet,
Wyl zy geniet uw troost, dan sterft 's natuirs verdriet.

11.
Dan vliedt haar treurigheid, als zy uw troost kan naken,
Dan eindt haar droeff geklach, als zy uw gunst mach
smaken,
Dan vindt z'in u het geen, dat 's aan haar egtgenood
Verloor door 't stervenlodt en smertelyke dood.

12.
Getroost dan, o vorstin, is u uw vorst ontnomen,
Hy is u voorgegaan, geniet het lodt der vroomen,
Hy heefft de pers getrêen, syn strydperk dat is uyt,
Dus rust hy als Gods vrind en Cristus zynen bruyt.

13.
En u, o vorst, vant land uyt d' Oostvriesstam gebooren,
Is in uw jonge jeugd een droevigh lod beschoren,
Want nouwlyks was 't doorluchste paar in d' egt vereendt,
Of droeffheid en geklagh dat knaagt selfs uw gebeent.

---

¹) Ehegatte. ²) Gegenstand.

14.
Doch dit 's niet vreemt, wyl gy uw oorspronk hebt sien
sterven,
Die naast God d' oorsaak is, dat gy nu koomt beerven
Uw vaders ryk en goed, gy hebt van hem ontfaan
Uw leeven, ook uw geest, die eeuwich zal bestaan,

15.
Door 't alvermogen Gods aan uwe siel gegeven,
Dus is 't niet vreemt, dat gy in smerte koomt te leven,
Want naar is myn [1]) bericht, zo treft dien slagh uw siel,
Dat g' u van treurigheid begeven hebt naar iel,

16.
Om in de eensaamheid uw droefheid te bedaaren
En zo door Godes gunst wat krachten te vergaaren,
Op dat de droeve geest een weinich mocht ontvlien.
Dan segt den mens: O God! uw wille moet geschien

17.
In 't geen, dat u behaagt, wy moeten alle sterven.
De gunstgenoten Gods, die gaan doch weer beerven
Het ryk der saligheid door Christus toebereid,
Dit 's 't oogmerk van hun god in alle eeuwigheid,

18.
Al brengt dan dit verlies uw siel in treurigheden.
Aanschouwd, dat uw papa is manlyk doorgestreeden
Door duyvel, dood en hell en heeft Gods gunst gesien,
Dat op zyns levens eindt des dodes noot moest vlien.

19.
Dus gaan zy door de dood, die in God triompheeren.
Zy achten deese aardt niet waardich hun begeeren.
Maar zy verlangen ook, gelyk als Paulus deêd,
Verlost te zyn van d' aardt, dan eindigt al hun leed.

20.
Doch 't is niet vreemt, o vorst en gy, doorluchts vorstinnen,
Dat gy dus treurich zyt 't verlies van die wy minnen.
Dat doed ons smerte aan, want 't is uw vlees en bloed,
Dus trefft dit uwe siel selfs 't binnenst van 't gemoed.

---

[1]) Hs: myn is.

21.
't Is van natuirlyk dingh, den mensche aangeboren,
Te treuren om 't verlies van die men heeft verkoren,
Of die ons nabestaan of oorspronk van ons zyn,
Als die weer van ons gaan, sulks wekt in ons veel pyn.

22.
Zulks sien w' aan Davyd selfs, een man na Godes herte,
In 't sterven van syn zoon, wat wekte dat een smerte
In 't herte van dien vorst! hy at van druk geen brood,
Voor dat men tot hem sey: Uw lieve zoon is dood.

23.
Doen richte hy zich op en at tot zyn versterkingh.
Dus bracht de wysheid Gods in hem ook dees bewerkingh,
Dat hy uytriep en zey: Ik sal eens tot hem gaan
In 't eeuwich heyligdoom, in 't hemels Canâan.

24.
Hy zal niet weer tot my, maar ik sal tot hem keeren.
Dan sull wy 't samen sien het aangesicht des Heeren,
Verblyden ons in God, een God van saligheid.
Dus hadt de dood geen rêen, om meer te zyn beschreid.

25.
God matich¹) dan uw druk, doch geeff u 't heilsaam treuren,
Gelyk hy Davyd deed, om 't hert van d' aardt te beuren
Tot in den hemel op, alwaar dat gy aanschoudt
Uw weederhelft, uw vorst, daar g' hier met waardt getroudt.

26.
Aanschoudt daar ook, o vorst, den oorspronk van uw leven.
Hy heeft zyn siele reets aan Goode opgegeven.
My dunkt, hy roept van daar: Ik staa an's levens troon,
Ontfangh van Gods genaa een ridderkrans ten loon.

27.
Dus zullen zy, die hier als vorsten triompheeren,
Daar blinken als de son en koningen der eeren
In glans en majesteid met Goode en het lamm.
Dit gundt, dat geeft, o God, ons vorstenhuys en stamm.

---
¹) mãssige.

28.
En gy, o. volk vant land, gy trouw eondersaten,
Gy treurd u siende tans van uwen vorst gelaten
Op dees bedroefde aardt, omhoogh dan met uw geest.
Daar schouwdt g' uw vorst weer aan op 't hemels bruy-
lofts feest.

29.
Daar wordt hem opgeset dien kroon der heerlykheeden,
Waarom hy veelmaals badt in vieryge gebeeden,
Noch zynde op deese aardt in 't cristen worstelperk.
Dus leefd hy in zyn God en rust van 't strydend werk,

30.
Dat hem was opgelegd gelyk als alle vroomen,
Die door veel kruys en stryd dees saligheid bekoomen.
Dus is den stryd ten eindt van onsen vorst en heer,
Wyl hy van God ontfangt Gods majesteidt en eer.

31.
Hy is het worstelperk ten einde reets gelopen.
Hy rust in God, dus eindt 't geloven in het hoopen,
Hy schouwt Gods herrlykheid in volle klaarheid aan.
Dus is hy door de dood ten leeven ingegaan,

32.
Die eeuwigh duiren sal, alwaar de saalge zielen
In ootmoed voor hun God gelyklyk neederknielen,
Het driemaal heilich steets uytroepen voor Gods troon,
Ontfangen dus weerom Gods liefde tot hun loon,

33.
Die eeuwich duiren sal, dus schouwen daar de vroomen,
Dat zy zyn door de dood ten leeven opgenomen.
Dus zyn zy ingegaan in 't land van volle vreed',
Alwaar ons saalge vorst aan Jesus voeten treed.

34.
Daar dunkt my, hoor ik hem 't verloste lied opsingen
Met die tienduysenden der saalge hemelingen,
Die altyd voor Gods troon uytroepen dach en nacht
Het loff van God en 't lamm, dat die haar heefft gebracht.

35.
In zyne herrlykheid, alwaar zy nooit en scheyden
Van Gode en het lam, maar doen elkaar geleyden
Voor's leevens vorst zyn troon en knielen daar ter neer
Met d'ouderlingen Gods en roepen: U koomt d'eer.

36.
In alle eeuwigheid gy hebt het boek ontslooten
En geeft uw gunstryk hert aan uwe bondgenoten.
Dus is haar vreugd zo groot, dat haar in eeuwigheid
Geen dood, maar't saligh licht en leven is bereyd.

37.
Dus zingt hy't nieuwe lied met alle hemelingen,
Die stadich als vol vreugd in hunnen God opspringen,
Om dat haar is bereyd des leevens eeuwge kroon,
Die haar met Paulus wordt gegeven tot hun loon.

38.
O, heyelryke vorst, dees gunst hebt gy verworven,
Door dien dat Cristus is voor uwe siel gesturven,
Gy hebt door hem volbracht, uw geest gaaft gy aan hem,
Dus leeft gy eeuwiglyk in't nieuw Jerusalem.

39.
Dus siet g', o volk van't land, uw vorst ons voorgetreeden
In Salems heerlykheid, 't gewenste land van vreeden.
Hy is ons voorgegaan in't hemels heyligdoom,
Alwaar hy ons erlangh met vreugd hiet wellekoom.

40.
Hy is ons voorgetrêen, wy zullen tot hem keeren
En met een blyde geest Gods majesteit ter eeren
Opsingen 't nieuwe lied, dat wy hem daar aansien
En met ons vorst vol vreugd aanschouwen [1]) Gods aanschyn.

41.
't Is waar, gy hebt wel rêen, om uwen vorst te treuren,
Indien 'k uw geest niet kwaam ten heemel op te beuren,
Indien 'k aan u niet hadt zyn heerlickheid getoondt,
Waar mêe de liefde Gods zyn ziele heeft bekroondt.

---
[1]) Hs: aanshouwen.

42.
Zo zouw uw treurigheid noch meerder plaatsze vinden,
Maar nu gy dit aanschouwd, dit doet uw druk verslinden,
Dit minderd uwe smert, dit troost u in dêes nood,
Wyl gy uw vorst aanschouwdt in vader Abrams schoodt.

43.
Doch 't is natuyrelyk, dat d'ondersaaten klaagen,
Als hen hun hooft en heer, hun wellust en behagen
Wordt weggerukt van d'aardt, dan treurt een yder een,
Dat haar hun vorst ontfaldt tot steunsel vant gemeen.

44.
Dien ingeschaapen sugt en liefde tot's landsvader,
Die gaat hen door de siel, door vlees en merck en aader,
Zo dat een yder roept als met een sucht van 't hert:
't Verlies van onsen vorst, dat geeft ons groote smert,

45.
Die trefft ons in de siel en doet zyn dood betreuren,
Zo dat men schier zyn geest van droeffheid koomt te scheuren.
Maar als men sich besindt, dat God sulks heeft gedaan,
Dan buygt men onder hem en schouwd zyn Goedheid aan.

46.
Want heefft hy ons ons vorst ontrukt tot unser smerte,
Dien fêenicx uyt zyn zaad verkwickt ons droeve herte,
Dat God ons die noch schenkt als een genaadengoed.
Zulks strekt ons hêen tot vreud en blydschap in 't gemoed.

47.
Dit is ons eenge troost noch in ons druk beschooren,
Dat God ons waarde prins ten vorste heefft verkooren.
Zo sien wy noch, dat God ons landt dus heeft gespaardt
En door zyn trouwe sorgh des vorsten stam bewaardt.

48.
Laat ons dien jongen vorst te samen God aanprysen,
Dat die hem schenken will den geest van alle wysen,
Die voor hem zyn geweest, gelyk als Zaalmon badt,
Die acht de wysheid Gods te zyn zyn hoogste schadt.

49.
Want die de wysheid Gods besitten in hun herten,
Die richten hunnen volk in wellust sonder smerten.
Dus groejd hun aarts gesagh en ook hun schatten aan,
Gelyk als Salomons in voortyd heeft gedaan.

50.
O God! wild dan ons vorst met uwe gunst bekleeden,
Lat hy als in den geest tot uwe Godheid treeden,
Op dat gy hem beschenkt met uw genaadenlicht,
Op dat hy u steets houdt als't hoogst in zyn gesicht.

51.
Vervuldt 't doorluchste paar met uwen geest en seegen,
Stordt op hun huuwlyk nêer gelyk een milden reegen
De troost van uwen geest tot blydschap van hun hert,
Dus blyfft 't doorluchste huys bevryd van sielen smert.

52.
Bekroon ook't vorstenhuys, o God! met jonge soonen,
Op dat ons vorst en wy met dankbaarheid u loonen
Voor uw getrouwe sorgh', die gy dan aan ons doet,
Dus strekt uw seegening tot vreugd van ons gemoet.

53.
In dees beschauwingh en verwachtingh van Gods zeegen,
Zo heb' w'ons jongen vorst tot onsen troost verkreegen.
Dus roept het gantsche lant: Rust, o doorluchtigst vorst!
In Jesus, uwen Heer, naar wien gy hebt gedorst.

54.
Op uwes levens eindt, zo dat gy met de vroomen
Ter rustplaats van uw siel in God zyt opgenoomen.
Dus stort wy ons troost en klaagrêen ten besluyd,
Gy rust, doorlugtigst vorst, by Jesus als zyn bruyd.

55.
Myn wens ten slod is, dat u God
Geeft veel geneugd in waare deugd.

56.

Ontfangh, o vorst, uyt liefd dit myn geringh gedicht,
Gods liefdengeest, die zy gestaadiglyk uw licht,
Dit wenst uw onderdaan en dienaar Hardehooren,
Dat u dit eeuwich heyl van Goode word beschooren.

57.

Leeft lang, doorluchtich paar, in gunst van uwen Heer,
God meerder uw geslagt, zo zingh ik Goode eer,
Dat hy ons vorsten huys veel soonen heeft gegeven
En doed 't doorluchste huys veel eeuwen noch herleeven.

58.

Ontfangt dees liefdenwens en klaagrêen ten besluyd,
Leeft hier als in den geest met Cristus als zyn bruyd,
Zoo zal noch lieff nog leed nog dood u kunnen scheyden
Van Jesus lieffd, die sal u in zyn gunst geleyden.

59.

'k Beveel u dan Gods gunst, zyn liefde en genaad,
'k Wens die in eeuwigheid en tyd uw geest versaad,
Zo zuld gy in de dood noch 't leeven niet en schromen,
Om naar uw leevens eindt Gods gunste te bekoomen.

60.

'k Beveel my insgelyks aan uw doorluchtigheid
Zyn gunst, vermits ik ben tot uwen dienst bereid.
Ik sal my 't allertyd in uwen gunst verblyden,
Als die tot my genaakt, die kan van druk bevryden.

61.

Dus leeff ik hier gerust in gunste van myn God,
Dat uw doorluchste gunst gestadigh zy myn lod,
Zoo zal ik Godes eer en uw doorluchtheid roemen
En bey tot allertyd myn seegenaren noemen.

VI.

Op de
heuchlyke geboorte ¹)
van de
doorluchtigste prinses
Elisabeth Sophia Magdalena
Carolina Wilhelmina
den
doorluchtigsten vorsten,
heer Carl Edzard,
door
se. gemaalinne
[de
doorluchtigste vorstin en vrau] ²)
Sophia Wilhelmina
te
Aurik
in
Oost-Vrieslant
gebooren den 5. December 1740.

Aurich, gedruckt by Herm. Tapper,
hoog-vorsl. ostvriesl. hoffboekdr.

Een blymaar werd gehoort op't vorstelyke slot,
Het juicht uit voller ziel tot lof en eer van God;
Gantsch Aurik is verheucht: de faam blaast op haar hooren,
Dat iederman het treft; elk oopent bey zyn' ooren;
D'een roept den and'ren toe: Wat is er nieuws? Zegge op!
Wat wil dat hantgeklap? de vreuchde ryst in top!
De faam blaast duidlyk: Een prinses is hier gebooren!
Haar luisterryke glans straalt helder gloor op glooren,
Verrukt ³) elk, die haar zied, en wenscht, de hemel laat
Doorluchtigste prinses, naar u doorluchte staat,
Geheel vernoegt een reeks van luysterryke iaaren
Beleeven en in tyds met u gelyken paaren:

---

¹) Archiv-Akten I 22. Druck und Hs.
²) Nicht im Druck.
³) entzückt.

Een prins, eens vorsten zoon, uit een doorluchtig huis,
Zy u van God gewyedt: Hy wende alle kruis
En tegenheden af. O! groote God wilt geeven,
Dat dit doorluchtste huis mag in haar nakroost leeven!
Doorluchtigste vorstin, myn zielenwensch tot God
Is trouw, om u behoud vernieuwingskracht en tot
Gezontheids vol herstel. Doorluchtste vrouw en moeder,
Gods zegen rust op u, schenk u prinses een broeder;
Een erf-prins 't vorstlyk huis, der onderdaanen vreucht,
Waar's vaders heerlykheid en's moeders schoon en deucht
Volheerlyk werd gezien! O! Hooggeduchte coning!
Genaden volle God! zie uit u hooge wooning
Op't hoog doorluchtste paar, myn g'nadigst vorst en heer
En haar doorluchtigheid, in gunst grootgunstig neer,
Vervul hen met u geest en laet een ryken zegen
Van al, wat wenschlyk is, op hen bestendig regen;
En hier den loop geeyndt op christens deuchden pat,
Voor altoos werd gedrenckt van 't zalig hemel nat!
Vereent met Christus en met zyne leden 't saamen
Verheerlykt in 't genot van 't eeuwig leeven. Amen.

    Trouw gemeent. Rm. (d. h. Rentmeister). ¹)

---

 ¹) Gerhard Marcelius, 1710—1746 Rentmeister in Emden, ist der Verfasser des Gedichts.